Mit Kasperle durch das Jahr

Werkbücher
für Kinder, Eltern und Erzieher

Heft 5

Herausgegeben von der
Internationalen Vereinigung der Waldorfkindergärten

Mit Kasperle durch das Jahr

Vier große Kasperle-Stücke

Von A. Weissenberg-Seebohm

VERLAG FREIES GEISTESLEBEN

CIP-Kurztitelaufnahme der Deutschen Bibliothek

Weissenberg-Seebohm, A.:
Mit Kasperle durch das Jahr: 4 große Kasperle-Stücke / von A. Weissenberg-Seebohm, [Übers.: Arnica Esterl]. – 2. Aufl. – Stuttgart: Verlag Freies Geistesleben, 1986.
(Werkbücher für Kinder, Eltern und Erzieher; H. 5)
Einheitssacht.: Vier grote Jan Klaassenspelen ‹dt.›
ISBN 3-7725-0445-0

Die holländische Originalausgabe erschien 1980 unter dem Titel «Vier grote Jan Klaassenspelen» bei Uitgeverij Christofoor, Rotterdam

2. Auflage 1986

Übersetzung: Arnica Esterl

Einband: Walter Krafft, unter Verwendung eines Fotos von Eric Kievit

Druck: Greiserdruck Rastatt

Inhalt

Vorwort

Nimm Kasperle auf die Hand und schau ihn gut an. Er lacht dich mit seinen fröhlichen, munteren Augen an, er steckt seine lange Nase in alles, was ihm begegnet und . . . dann fängt auf einmal ein neues Abenteuer für ihn an. Ist er brav und tapfer? Ist er feige? Er ist alles beides und geht seinen Weg, fällt und rappelt sich wieder auf. Laß ihn so, wie er ist, und folge ihm auf dem Weg mit einem offenen Herzen, denn – diesen Weg gehst du selber. Lach über ihn, denn du lachst damit über dich selbst, und das ist sehr gesund. Er ist keine Phantasiefigur, er ist echt, und deshalb lieben ihn die Kinder. Spiele also für die Kinder die Abenteuer von Kasperle und philosophiere vor allem nicht über ihn: er würde dich auslachen.
Anleitungen zur Herstellung von Puppen und Bühne finden sich in dem Buch «Wir spielen Kasperle-Theater», erschienen 1982 im Verlag Freies Geistesleben, Stuttgart.

A. Weissenberg-Seebohm

Anmerkungen zu den Spielen

Osterspiel *(Seite 8)*

Der König: alt und sorgenvoll.
Der Tod: weißes Gesicht, schwarzer, breitkrempiger Hut, ganz schwarz gekleidet.
Osterhase: goldene Krone um die Ohren.
Drache: grünes Papier mit roter Zunge.

Johannispiel *(Seite 18)*

(Sommernacht.)
Gretels Hütchen muß ganz extravagant sein mit einem Federchen drauf.
Wassergeist: Krötengesicht, silbrige Farbe und grüne Haare.
Die Möwe kann aus Papier gebastelt werden, ebenso der Fisch.

Spiel zur Michaelizeit *(Seite 34)*

(Herbst.)
Der Riese kann mit Hilfe eines großen, weißen wollenen Fäustlings dargestellt werden, der Daumen des Fäustlings ist dann der Arm des Riesen.

Weihnachtsspiel *(Seite 42)*

Teufel: rot oder schwarz, vielleicht mit Hörnern auf dem Kopf.

Bei verschiedenen Szenen werden einzelne Farben angegeben. Am besten arbeitet man mit farbigen Hintergründen ohne weitere konkrete Darstellungen: das brauchen die Kinder nicht und außerdem ergibt sich aus dem Text, wo gespielt wird.

Osterspiel

Palast

(roter Hintergrund)

Kasperle *(kommt mit einem Liedchen)*
Hallo Kinder, da bin ich wieder. Ihr kennt mich doch noch? Ich bin der Kasper! Könnt ihr nicht antworten, wenn euch jemand grüßt? Also, sagt mal «Guten Tag». Ja. Soo! Das ist schon besser. Ich bin hier am Königshof. Der König ist ein richtiger alter Griesgram, er ist meistens unzufrieden, und er friert immer. Dann ist er böse auf mich, aber ich kann doch auch nichts dafür. Ich schüre schon den ganzen Tag den Ofen. Außerdem muß ich hier im Schloß kehren und putzen. Schade, daß der König so empfindlich ist.
(König kommt)
Sonst ist es eigentlich ganz lustig, hier zu arbeiten!

König Guten Tag, Kasperle, heute ist es schon wieder so kalt! Brrr . . . Hast du auch gut eingeheizt?

Kasperle Ja, Herr König. Ich habe schon den ganzen Tag Staub gewischt und gekehrt und den Ofen geschürt. Wißt Ihr was, Herr König, zieht doch Euren Pelzmantel an, dann ist Euch sicher nicht mehr kalt.

König Ja, das ist eine gute Idee von dir. Ich gehe gleich den Pelzmantel holen. *(ab)*

Kasperle Hoffentlich haben die Motten den Mantel nicht aufgefressen!

König *(kommt, hat den Mantel an)*
Kasperle, der Mantel riecht nach Mottenkugeln. Fff . . . ich muß niesen . . . hatschie! Pfui!

Kasperle Ich habe ihn aber wirklich gut ausgeklopft, Herr König, bis meine beiden Arme müde waren.

König Ach was! Ihr modernen jungen Leute seid so schnell müde, ihr wißt gar nicht, was Anstrengung ist. Ich will dir mal erzählen, was damals passiert ist, als meine Großmutter noch gelebt hat. Jedes Jahr, an Ostern, zogen die jungen Leute aus, um bei dem Osterhasen das goldene Ei zu holen. Es war eine gefährliche Reise, denn in dem Reich von König Osterhase lebt ein großer Drache. Wenn sie dann von ihrer mühevollen Fahrt zurückkamen, brachten sie ihrem König das goldene Ei. Sie legten es dann in den Boden und deckten Erde darüber. Das goldene Ei erwärmte die Erde und alle Blumen fingen an zu wachsen. Die Luft wurde milder, und die Vögel sangen wieder: Der Frühling war gekommen.
Aber welcher junge Mensch wagt jetzt noch eine solche Reise? Heute finden wir solche Menschen nicht mehr!

Kasperle Oh, Herr König, ich will es versuchen. Erlaubt mir doch, zum Osterhasen zu gehen. Ich werde Euch bestimmt das goldene Ei bringen.

König Ach was! Kasperle, du kannst nicht einmal ordentlich putzen, heizen und kehren. Du wirst das goldene Ei nie finden. Du wirst vom Weg abkommen, und solltest du das goldene Ei doch finden, dann läßt du es gewiß fallen.

Kasperle Ach bitte, Herr König, gebt mir eine Chance. Ich verspreche Euch, daß ich mir Mühe geben werde.

König Also gut; dann geh! Viel Glück auf der Reise. *(ab)*

Kasperle Worauf habe ich mich da eingelassen? Ob es gefährlich ist? Aber das macht ja nichts. Also, ich ziehe los, es wird sicher eine lustige Reise. Was soll mir denn schon passieren! Ade, bis nachher!

Beim Teufel

(Hintergrund in einem anderen Rot als in der ersten Szene)

Kasperle *(singt: Hänschen klein, ging allein . . .)*

Des Teufels Großmutter Was höre ich in dieser Einsamkeit? Eine Menschenstimme? Sicher ist es ein Menschenkind, das sich hierher verirrt hat; wie kann es denn hier noch so singen?

Kasperle Guten Tag, Mütterchen! Ist heute nicht ein schöner Tag?

Des Teufels Großmutter O Menschenkind, Menschenkind, was tust du hier?

Kasperle Ich? Ich tue gar nichts, ich laufe nur durch die Gegend.

Des Teufels Großmutter Weißt du, wo dieser Weg hinführt?

Kasperle Nein, aber es gefällt mir hier, und ein Weg ist so gut wie der andere, oder nicht?

Des Teufels Großmutter Du bist auf dem Weg in die Hölle, kleiner Mensch!

Kasperle Wie bitte, was hast du gesagt? In die Hölle? Aber da will ich ja gar nicht hin! Ich will doch zum Osterhasen und für meinen König das goldene Ei holen; der friert nämlich immer so.

Des Teufels Großmutter Dann bist du also Kasperle. Niemand hüpft so sorglos umher wie du. Ich bin des Teufels Großmutter.

Kasperle O jemine, bringst du mich jetzt in die Hölle?

Des Teufels Großmutter Ach nein, du Dummrian, ich helfe den Menschen, die etwas Gutes tun wollen, und ich werde auch dir helfen, wenn du willst.

Kasperle Ja, bitte, dann sag mir, wie ich zum Osterhasen komme.

Des Teufels Großmutter Das ist ein langer Weg, und er führt über das Wasser.

Kasperle Mach schnell, Großmütterchen, meine Beine jucken und wollen weiterlaufen!

Des Teufels Großmutter Langsam, langsam! Hör gut zu: Wenn du in dieser Richtung weitergehst, dann kommst du an einen großen Fluß, und da ist ein Fährmann . . .

Kasperle Also gut, das weiß ich schon mal, vielen Dank auch, Großmütterchen, ich bin schon weg!

Des Teufels Großmutter Warte doch und hör zu . . . da läuft er und weiß nicht einmal, daß der Fährmann der Tod ist!

Wasser

(dunkelblauer Hintergrund)

Der Tod *(Fährmann kommt in einem Boot)*
Ich bin der Tod. Ich fahre diesen Kahn hin und her zu dem Ufer dort drüben. Jeder fürchtet mich. Ich bin sehr einsam und wünsche mir, daß einmal jemand kommt, der mich grüßt wie einen Freund.

Kasperle *(singt: Wir fahren übern See, übern See, wir fahren übern See . . .)*
Wer sitzt denn dort in dem Kahn? Das ist sicher ein Fährmann. Guten Tag, Fährmann! *(Tod schweigt)* He, Alter, kannst du nicht grüßen? Kannst du nicht antworten, wenn ich grüße? Was für ein komischer Kauz. Er rührt sich nicht. Hu, hu *(er kitzelt den Tod)* Brrr . . . so dürr wie ein Bündel trockenes Reisig. Ob er sich überhaupt manchmal bewegt? Du, Fährmann, bringst du mich ans andere Ufer?

Tod Ich muß ihn übersetzen, denn er hat mich gegrüßt. Steig ein, du vorlautes Geschöpf!

Kasperle Na gut, er ist nicht gerade freundlich, aber er bringt mich wenigstens an die andere Seite.

Tod Steig jetzt ein, du vorlautes Geschöpf! *(Sie fahren zusammen hinüber.)*

Reich des Osterhasen

(Hintergrund in goldenem Ton)

(Der Osterhase kommt. Am Rand der Spielleiste liegen sieben Ostereier.)

Osterhase Ich bin der Osterhase. Jedes Jahr male ich meine Eier mit bunten Farben an. Aber wenn ich dann fertig bin, kommt der häßliche, grüne Drache und frißt sie alle auf. Ach, ich habe solchen Kummer. Ich fürchte, daß es diesmal keine Eier für die Kinder geben wird, wenn der Drache wieder kommt.

Kasperle *(kommt)* Wer mag das sein? Er sieht aus wie ein König, mit seiner schönen, goldenen Krone. Ich will einmal hingehen und ihn begrüßen und fragen, warum er so traurig ist.
Guten Tag, König Osterhase! Ich bin's, Kasperle. Ich möchte Euch um das goldene Ei bitten.

Osterhase Ja, Kasperle, aber das bekommst du nicht umsonst. Ich werde dir alles erzählen, aber ich fürchte, daß du mir auch nicht helfen kannst. Jedes Jahr male ich meine Eier mit lauter bunten Farben an, aber ach, wenn ich dann fertig bin, kommt ein häßlicher, grüner Drache und frißt alle Eier auf. Er ist so groß, ich kann ihn nicht besiegen.

Kasperle Herr König, darf ich Euch helfen? Ich werde den Drachen besiegen und töten.

Osterhase Ach Kasperle, das kannst du nicht. Der Drache ist gewaltig groß!

Kasperle Ich möchte es aber versuchen, Herr König Osterhase. Ich kann gut kämpfen!

Osterhase Also Kasperle, wenn du das kannst, bist du wirklich ein Held. Wenn es dir gelingt, bekommst du als Belohnung das goldene Ei.

Kasperle Gut, Herr König Osterhase, ich will es versuchen.

Osterhase Hier ist ein Schwert, Kasperle. Ich wünsche dir viel Glück. *(ab)*

Kasperle *(zu den Kindern)*
Ich werde ihn schon kriegen! Ich fühle mich jetzt schon als Sieger. Sehe ich nicht aus wie ein Sieger? Und was für ein schönes Schwert habe ich bekommen! Damit kann man hauen und stechen, Bleistifte spitzen, aber . . . man kann sich auch die Nase damit abschneiden. Es ist gefährlich scharf! So, hier werde ich mich verstecken und dem Drachen auflauern und ihm dann seinen häßlichen Kopf abschlagen. *(geht in die Ecke)*

Drache *(brüllt schon von weitem)*
Ich bin der große, grüne Drachen, stopf die Eier in meinen Rachen. Eins, zwei, drei, vier, fünf, sechs, sieben *(jedesmal verschwindet ein Ei von dem Rand),* keins ist mehr zurückgeblieben. König Hase hat ein Schwert, doch im Kampf ist er nichts wert! Ha, ha, ha.

Kasperle Doch wenn Kasperle es schwingt und die Sach' in Ordnung bringt? Ich bin Kasperle und ich werde dich besiegen! Ich werde dir's zeigen. Du darfst die Eier von König Osterhase nicht auffressen, Ha, ich werde dir die Zähne putzen mit meinem Schwert und die Nägel an deinen Krallen schneiden, du Bösewicht, komm her, wenn du es wagst! Ich werde durch deinen Schwanz stechen und deine Ohren kleinschneiden.

Drache O, ah, ee, huch!

Kasperle Ich werde deinen Schwanz zu Fleischklößchen drehen, du Freßsack!
(Kampf mit viel Lärm, der Drache stürzt tot hin und hängt nun schlaff über dem Bühnenrand.)

Osterhase *(kommt)*
Oh, Kasperle, ist der Drache tot?

Kasperle Mausetot!

Osterhase Sein Schwanz auch?

Kasperle Schaut nur selber nach.

Osterhase Sein Maul auch?

Kasperle Der Drache ist ganz und gar tot, Herr König Osterhase.

Osterhase Ich bin dir so dankbar, Kasperle. Ich werde das goldene Ei holen, dann kannst du es dem König bringen.
(ziehen zusammen den Drachen hinein, Osterhase holt das goldene Ei)
Hier ist das goldene Ei. Du mußt es dann in eine Erdkuhle legen, etwas Erde darüber decken, dann wirst du sehen, daß es warm wird, daß die Blumen anfangen zu wachsen und zu blühen und die Vögel singen und fliegen in der Luft.

Kasperle Vielen Dank, König Osterhase! Ich gehe jetzt schnell zurück in das Reich meines Königs, ich werde ihm das goldene Ei geben und erzählen, was Ihr mir gesagt habt.

Vor dem Schloß

(hellblauer Hintergrund)

Kasperle Der König hat sicher auf mich gewartet! Er denkt wohl, daß ich verunglückt bin! Ich werde ihn einmal tüchtig erschrecken. *(versteckt sich)*

König *(kommt)* Ich warte nun schon zwei Monate. Es ist furchtbar kalt! Aber wo bleibt Kasperle so lange? Vielleicht hat er sich verirrt, oder er ist sogar im Fluß ertrunken. Ach, ich wußte schon, daß es schlecht ausgeht.

Kasperle *(um die Ecke)* Kuckuck!

König Hach, bin ich erschrocken!

Kasperle Da bin ich, Herr König. Wie Ihr seht, ist es mir gelungen, das Ei mitzubringen. Ich bin gar nicht ertrunken. Bitte schön.

König Kasperle, du bist wirklich ein Held. Wir wollen das Ei nun schnell in den Boden legen. So . . . etwas Erde darüber! Es wird schon wärmer, Kasperle, ich spüre es. Ich werde meinen Pelzmantel ausziehen. *(ab)*

Kasperle Meine Füße werden warm und meine Ohren sind ganz heiß.

König Und ich höre die Vögel singen. Kasperle, siehst du die Blumen wachsen?

Kasperle Ja, ja, oh, ich bin so froh, ich bin so froh!

König Komm mit, wir wollen den Ofen ausgehen lassen. *(beide ab)*

Osterhase *(kommt)*

Ja, jetzt ist der Frühling gekommen, die Vögel singen, und wer kommt dazu jedes Jahr? Der Osterhase. Und was bringt er mit? Ostereier!

(Osterhase teilt Eier aus)

Auf Wiedersehen, liebe Kinder, bis nächstes Jahr!

Johannispiel

Zu Hause

(rotkarierter Stoff als Hintergrund)

Gretel Kasperle und ich gehen heute abend auch mit zum Wasserfest!

Nachbarin Dann vergiß nicht, die geweihte Kerze mitzunehmen!

Gretel Das besorgt Kasperle, er hat sie in der Kirche gekauft. Was soll ich zum Fest anziehen? Meinst du, daß dieses Hütchen schön genug ist?

Nachbarin Oh, was für ein goldiges Hütchen! Paß nur auf, daß dich der Wassergeist nicht sieht; man sagt, er sei verrückt nach schönen Hütchen. Wenn er dein Hütchen sieht, wird er dich sicher ins Wasser ziehen wollen!

Gretel Haha, das soll er sich erst mal getrauen! Mein Kasperle würde ihm einen kräftigen Schlag auf seinen Heringsschwanz geben.

Nachbarin Gretel, sei nicht so leichtsinnig! Sssst! Wenn er das hören würde! Der Wassergeist kann durch den Ausguß lauschen.

Gretel Nun, dann werde ich ihm durch den Ausguß etwas zuflüstern: He! Wassergeist, bist du da? Ich trage heute abend ein neues Hütchen. Und du bekommst es nicht, aber du darfst es angucken. Hörst du mich?

Wassergeist Ja, Gretel, ich höre dich!

Gretel Hilfe, Hilfe, Nachbarin, der Geist! Rette mich! Kasperle, wo bist du? Hilf doch deiner lieben Gretel! Der Geist ist im Ausguß!

Nachbarin Du liebe Zeit, welche Aufregung! Beruhige dich doch, Gretel! Wo sind die Beruhigungstropfen?

Kasperle Hier sind die Beruhigungstropfen; da, nimm sie nur!

Gretel Oh, Schatz, woher wußtest du, daß ich so erschrocken bin? Gib mir schnell die Tropfen. Schmecken sie auch gut?

Kasperle Probier halt.

Gretel Igittigitt, pfft, pff, pfui, schmeckt das schlecht. Was hast du mir gegeben, gemeiner Kerl? Es schmeckt wie Pfeffer und Essig.

Kasperle Bravo, das hast du gut geraten, genau das war es. Und der Geist im Ausguß war ich auch!

Gretel Wart nur, du Flegel, das zahl ich dir heim. Einen Menschen so zu erschrecken! Du wirst was erleben!

Nachbarin Ach, laß den Jungen doch laufen.

Kasperle Ade, liebste Gretel, ich werde lieber nicht auf deine zarten Händchen warten.

Gretel Immer ist er so häßlich zu mir. Aber ich will mir dadurch das Johannifest nicht verderben lassen. Bis heute abend, Nachbarin. Wir rudern gemütlich auf dem Wasser, und ich setze dann mein neues Hütchen auf.

Auf dem Wasser

(dunkelblauer Hintergrund)

Gretel Da hinten, in dem Bötchen, sitzt unsere Nachbarin. Siehst du, was sie auf dem Kopf hat, Kasperle! Ihr Hut ist lange nicht so schön wie meiner; wie findest du mein Hütchen?

Kasperle Es sieht genauso aus wie ein verbeulter Fußball.

Gretel Daß du auch nie etwas Nettes sagen kannst! Es wird schon dunkel, überall in den Booten zünden sie ihre Kerzen an. Wo ist unsere Kerze? Stelle sie schon mal auf und zünde sie dann an!

Kasperle Eine Kerze? Welche Kerze? Wovon redest du eigentlich?

Gretel Ich meine natürlich die Kerze, die du heute früh in der Kirche holen solltest. Schau, in den anderen Booten brennen die geweihten Kerzen schon. Siehst du sie, Kasperle?

Kasperle Ja, freilich sehe ich sie, ich bin doch nicht blind! Aber ich war heute früh gar nicht in der Kirche, und deshalb habe ich auch keine Kerze bekommen.

Gretel Um Himmels willen, was machen wir nur ohne Kerze auf dem Wasser. Das ist so schrecklich unheimlich.

Kasperle Jammer doch nicht, Gretel, wir sehen doch genug, um nach Hause zu rudern. Was nützt denn so eine geweihte Kerze? Nichts.Es war heute viel zu schönes Wetter, da wollte ich nicht in die Kirche gehen.

Gretel Oh, wie böse von dir! Jetzt sind wir mitten auf dem schwarzen Wasser und haben keine geweihte Kerze. Ich habe solche Angst! Wer weiß, ob der Wassergeist nicht auf mein Hütchen lauert! Oh, Kasperle, was hast du getan. *(weint)*

Kasperle Gretel, heul doch nicht so, deine Nase ist schon so rot wie eine Tomate.

Gretel Das ist nicht wahr, meine Nase ist nicht rot. Ich wasche gleich mein Gesicht, dann sieht niemand, daß ich geweint habe, und dann ruderst du schnell heim. Hast du ein Taschentuch?

Kasperle Da muß ich mal schauen ... ja, tatsächlich, ich habe eins in meiner Tasche.

Gretel *(beugt sich über den Rand des Bootes)*
Das tut gut, das ist schön kühl an den Augen.

Wassergeist Oho, wer wäscht da sein Gesicht in meinem Wasser? Du gehörst mir und das Hütchen auf deinem Kopf auch! Ihr habt keine Kerze im Boot, deshalb habe ich Gewalt über euch. Kasperle kann sich nicht rühren, bis ich wieder verschwunden bin. Gretel geht mit mir auf den Meeresgrund und dann werde ich ihr Hütchen aufsetzen. Ha, ha, der Wassergeist liebt schöne Hütchen. Komm mit! *(zieht Gretel ins Wasser)*

Gretel Hilfe, Hilfe! Kasperle! Vergiß deine arme Gretel nicht!

Kasperle Was war das? Mein rechter Arm ist schwer wie Blei, aber jetzt kann ich ihn wieder bewegen, meinen linken Arm auch! Hopp, die Beine sind auch wieder in Ordnung. Aber wo ist Gretel? Das Boot ist leer. Hat der Geist sie etwa geholt? Ich dachte, es wäre nur ein Alptraum. Nein, sie ist nirgends! Ach Gretel, Gretel, hat der Wassergeist dich geholt und ins Wasser gezogen? Ach, es ist alles meine Schuld, ich habe keine Kerze in der Kirche geholt, und deshalb konnte der Wassergeist bis ans Boot kommen. Hat Gretel noch etwas gerufen? Was war das nur? «Kasperle, Hilfe, Kasperle, vergiß deine arme Gretel nicht!» Ja, das war es. Nein, ich werde sie nicht vergessen. Ach, könnte ich ihr nur helfen; schließlich ist es zum einen Teil meine Schuld, aber zum anderen Teil hat auch das verflixte Hütchen daran schuld. Hätte sie das Ding doch nie aufgesetzt! Ja, ich würde ihr gerne helfen, wenn ich nur wüßte, wie!

Am Wasser

(grauer Hintergrund)

Kasperle In diesem Wasser ist sie verschwunden. Da war es Nacht und ganz dunkel. Das Wasser sah ganz schwarz aus. Jetzt ist es Tag, aber kein sonniger Tag, sondern das Wetter ist so richtig trüb und nebelig. Der Himmel ist grau und das Wasser auch. Hier sitze ich nun auf dem schmalen Sandstreifen am Wasser. Wie kann ich Gretel nur helfen? Schaut mal, da ganz weit hinten fliegt eine Möwe. Jetzt taucht sie . . . und . . . tatsächlich, sie hat einen Fisch erwischt. So ein Vogel fliegt den ganzen Tag über dem Wasser hin und her: ich stelle mir das schrecklich langweilig vor. He, Möwe, hör mal her, hast du vielleicht Gretel gesehen? Komm einmal her, dann kriegst du auch einen Fisch! *(leiser zu den Kindern)* Ich habe zwar keinen, aber das merkt sie erst später.

Möwe Was willst du, Kasper? Du störst mich beim Fliegen. Fische will ich fangen, und in der Luft will ich mich wiegen.

Kasperle Sag, Fisch-Schnabel, weißt du etwas von meiner Frau Gretel? Du

Faulpelz tust den ganzen Tag nichts weiter, als in der Luft umherfliegen, hast du nicht etwas von ihr entdeckt?

Möwe Du versprachst mir einen Fisch, wenn ich etwas weiß von ihr, gib ihn schnell her, dann erzähl ich es dir.

Kasperle Nein, lieber nicht, dann sagst du gar nichts, sondern fliegst weit weg und frißt deinen Fisch dort auf. So dumm bin ich nicht. Erzähl mir erst die Hälfte von deiner Geschichte und dann bekommst du deinen Lohn.

Möwe Kasper, du mußt über das Wasser gehen. Hör nie auf zu hoffen und bleibe nie stehn!

Kasperle Ist das alles, was du zu sagen hast?

Möwe O nein, das war nur der erste Teil, den zweiten biete ich für das Fischlein feil.

Kasperle Ich habe keinen Fisch und für den Unsinn, den du da erzählst, hast du auch gar kein Fischlein verdient. Das nenne ich Betrug. Ksch, ksch, flieg weg, du Angeber.

Möwe Du Narr, du brauchst mich nicht zu jagen, ich gebe keine Antwort mehr auf deine Fragen. Ich fliege fort, das Meer ist weit, ich sehe kein Schiffchen weit und breit. Du armes, eitles Menschenkind, sieh, wie ich schwebe und fliege im Wind. Du wolltest meinen Rat und mich zugleich betrügen, ha, ha, ich werde jetzt zu Gretel fliegen.

Kasperle Angeben und einen dann auslachen. Das können sie, diese Vögel, und man erwischt sie nie. Es ist doch ein unvernünftiges und flatterhaftes Völkchen. Jetzt fliegt sie schon ganz weit weg, da hinten, nur noch ein silberner Fleck am Himmel. Ach, hier ist es so still und einsam. Was hat die Möwe gesagt? Sie wollte zu Gretel fliegen! Gut,

also muß sie doch in dieser Richtung zu finden sein. Aber ob ich über das Wasser laufen kann? Wenn ich dann kalte Füße kriege, bin ich drei Tage erkältet!
Aber Gretel hat «Hilfe, Hilfe!» gerufen. Also will ich es mal versuchen. Ein Schritt – schaut, schaut – es geht! Noch ein Schritt . . ., das Wasser hat keine Balken . . . noch ein Schrittchen. Wie tief wohl das Wasser unter mir ist? Aber ich bin ganz mutig! Noch ein Schritt . . . diese Angst, diese Angst! Jetzt stehe ich mitten auf dem Wasser. Vor mir ist Wasser, rechts Wasser, links Wasser, über mir der graue Himmel und nirgends eine Menschenseele, nicht mal ein Vogel!
Oh, und hinter mir ist auch Wasser. O weh, was ist denn jetzt los? Ich sinke! O Schreck, laß nach, jetzt kriege ich nasse Füße! Hätte mir dieser dumme Vogel denn nicht sagen können, daß ich mich nicht umschauen darf. Oh, oh, meine Beine werden naß und der Rand von meiner Hose auch. Wenn das Wasser in meine Hosentasche läuft, wird mein Taschenmesser rostig! Jetzt schaut euch das an, ich habe eine nasse Hose, genau wie ein Baby. Und ich kann nirgends eine Möwe entdecken. Wenn ich nur etwas netter zu dem Tier gewesen wäre, hätte es mir sicher helfen können. Oh je, mein Herz klopft schon unter Wasser. Kasperle, das wird böse enden! Ach, und die arme Gretel muß jetzt beim Wassergeist bleiben! Oh, wie ich alles bereue. Ich bereue so tief, wie ich nun im Wasser stecke, von den Fußspitzen bis zum Halse! Mensch, Mensch, und was mache ich, wenn mir das Wasser in den Mund läuft? Dann kann ich nicht mehr reden. Kinder, werdet ihr den Kasperle auch nicht vergessen? Das Wasser steht mir bis zum Kinn, es dauert nicht mehr lange, und Kasperle geht flöten.

Der weiße König Wer macht hier einen solchen Lärm? Kasperle, warst du das? Das Wasser geht dir schon bis an die Nase, und deshalb hast du auch aufgehört zu spektakeln. Ja, ja, das kommt davon. Aber so weit, bis zu der Brust, ziehe ich dich aus dem Wasser, weil du so sehr gehofft hast, Gretel befreien zu können.

Kasperle So, jetzt kann ich wieder sprechen. Es war schrecklich, die Wörter rollten mir wie Murmeln im Mund hin und her. Es wurden immer mehr, und ich wäre fast erstickt, aber nicht im Wasser, sondern an meinen eigenen Worten. Ach bitte, edler König, könnt Ihr mich nicht ganz rausziehen?

Der weiße König Hab nur Geduld, mein Freund. Was du durch bösen Willen und Betrug angerichtet hast, kannst ich nicht im Handumdrehen wieder gutmachen. Jetzt ziehe ich dich bis zu den Beinen aus dem Wasser, weil du Gretel so lieb hast.

Kasperle Ach ja, da klopft mein Herz wieder über Wasser. Es wird sogar schon wieder warm! Ihr müßt mal fühlen, wie warm mein Herz klopft: alles vor lauter Liebe zu Gretel!

Der weiße König Kasperle, du redest schon wieder viel zu viel. Du sagst zwar, daß du Gretel liebst, aber wenn ihr zusammen seid, habt ihr immer Streit.

Kasperle Ja, Ihr habt recht. Aber könnt Ihr nicht auch meine Füße aus dem Wasser ziehen, großer König? Wenn das kalte Fußbad noch länger dauert, bekomme ich Bauchweh.

Der weiße König Also dann – hau ruck! Deine Füße sind frei, weil du den Mut hattest, bis hierher über das Wasser zu gehen.

Kasperle Hopsa, trallala, die Füße aus dem Wasser, der ganze Kasperle ist wieder da! Jetzt fängt das muntere Leben von vorne an. Ach ja, fast hätt ich meinen Retter vergessen. Großer, edler, weißer König, ich, Kasperle, danke Euch von meinen Füßen bis zu meiner Nasenspitze für meine Rettung. Und weil Ihr hier doch die einzige lebendige Seele seid, möchte ich Euch etwas fragen: Wie kann ich Gretel erlösen?

Der weiße König Komm mit mir, ich will dir eine heilige Kerze geben. Mit dem Licht in den Händen steigst du dann hinab in die Tiefen des Sees, und so kannst du deine Gretel erlösen.

Kasperle O nein, das wage ich nicht, schon wieder in dem ekligen Wasser versinken. Ganz langsam, von den Fußspitzen bis zur Nase. Wer weiß, ob dann die Nase nicht auch noch in den Wellen versinkt, und dann bin ich ertrunken! Die Kerze erlöscht dann im Wasser, und Kasperle ist verschwunden in Wasser und Finsternis.

Der weiße König Hör zu, Kasperle: Wer dieses Licht trägt, das ich dir geben werde, ertrinkt nicht, auch nicht im größten und tiefsten Wasser. Ja, das Licht ist viel gewaltiger als die finstersten Tiefen. Du wirst es selbst erfahren. Dieses Licht kann Gretel erlösen und sonst nichts. Folge mir.

Kasperle Na ja, ich kann's ja mal versuchen.

Schloß im Meer

(grüner Schleier vor der Bühne, Hintergrund grau)

Kasperle *(steigt hinab)*
Ich trage das Licht des weißen Königs in den Händen. Es stimmt, was er sagte. Die Flamme ist nicht erloschen, als ich in das Wasser eintauchte. Es scheint auch eine bessere Waffe zu sein als das Schwert. Die größten Fische, Haie und Tintenfische, sind geflohen, als das Licht der Kerze auf sie fiel. Sonst greifen sie alle lebenden

Wesen immer an. Hier, auf dem Meeresgrund liegen die Gebeine der armen Menschen, die ohne Licht in das Wasser fielen. Aber der Weg bis zum Schloß des Wassergeistes ist sehr weit. Komm, kleine Kerze, du und ich, wir ziehen zusammen weiter. *(ab)*

Wassergeist Ha, ha, ich trage das Hütchen, Gretels Hütchen! Alle Fische und Meerjungfern sind eifersüchtig auf mein schönes Hütchen. Es steht mir auch blendend, findet ihr nicht auch? *(grölt:)*

Mein Hut, der hat drei Ecken,
drei Ecken hat mein Hut,
und hätt' er nicht drei Ecken,
dann wär er nicht mein Hut.
Mein Hut, der hat vier Ecken,
und Gretel, die ist mein,
bald wird das liebe Mädchen
die Frau vom Wassergeist sein.
Mein Hut, der hat fünf Ecken,
und Hut und Gretel sind mein,
ich kann nicht ohne Gretel
und nicht ohne Hütchen sein.

Gretel Pfui, du dicke Wasserschnecke, ich werde dich nie heiraten, und ich bin nicht dein liebes Mädchen, sondern ich bin sehr unglücklich. Ach, mein schönes Hütchen. Es ist schon schlimm genug, daß ich hier gefesselt bin, aber wenn ich den fetten Wassergeist mit meinem Hütchen auf dem Kopf sehen muß, das geht zu weit. *(weint)*

Wassergeist Mein Hut, der hat fünf Ecken,
und Hut und Gretel sind mein,
ich kann nicht ohne Gretel
und nicht ohne Hütchen sein.

Gretel Das glaube ich dir: ohne Hut bist du gar nichts, und er paßt zu dir wie die Faust aufs Auge. Dich heiraten? Nie, nie! Im Vergleich zu dir war Kasperle ein Engel. Ach, lieber Kasperle, hast du denn deine arme Gretel vergessen?

Wassergeist Weine nur, rufe nur, es hilft dir alles nichts. Kasperle kann nicht hierherkommen, und er kann dich nicht hören. Ja, wenn er eine heilige Kerze in seinem Boot gehabt hätte – dann hätte ich auch dich und dein Hütchen nicht angreifen können. Aber das läßt sich jetzt nicht mehr ändern. Schau, wenn du mich heiratest, schenke ich dir eine Perlenkrone und einen Fischschwanz mit silbernen Schuppen.

Gretel Hör auf, hör auf! Ich und ein Fischschwanz! Wie scheußlich, wenn meine armen Füße zu einem glitschigen, langen Fischschwanz zusammenwachsen. Hu, hu *(weint)*. Vielleicht fangen die Menschen mich dann mit ihren Netzen wie einen Hering. Ach, ich arme, arme Gretel!

Fisch Großer Herrscher des Wassers, ich bringe eine schlimme Nachricht!

Wassergeist Du störst mich! Verschwinde, oder ich fresse sich auf!

Fisch Ich habe Angst, alle Fische haben Angst.

Wassergeist Wie wagst du es, ungefragt hier hereinzuschwimmen. Hast du denn keine Angst vor meinen scharfen Zähnen?

Fisch O nein, Herrscher des Wassers, vor Euch habe ich keine Angst.

Wassergeist Keine Angst vor mir? Wer ist denn in diesen Tiefen noch grausamer, stärker und gefräßiger als ich? Sag!

Fisch Großer Herrscher des Wassers, bis jetzt wart Ihr der größte, grausamste und gefräßigste Herrscher hier im Wasser. Wir alle hatten Angst vor Euch. Aber heute ist jemand gekommen, der größer und stärker ist als Ihr. Er tötet uns nicht mit seinen scharfen Zähnen, und er frißt uns nicht. Es ist viel schlimmer: er trägt ein Licht durch das Wasser.

Wassergeist Ein Licht? Bist du verrückt? Ein Licht?

Gretel Oh, mein Herz klopft vor Freude! –

Fisch Ja, großer Herrscher des Wassers: so etwas wurde noch nie gesehen; ein Licht! Alle Fische sind geflohen, denn das Licht ist stärker als Dunkelheit und Kälte, und im Licht können sie nicht leben. Im ganzen Schloß ist kein Fisch mehr zu finden.
Und die Seejungfern erblinden, wenn sie das Licht sehen.

Wassergeist Das ist ja schrecklich! Wenn so viele Fische verschwunden sind, bleibt für mich kein Fisch zum Essen übrig, und dann muß ich vor Hunger sterben!

Fisch Oder Ihr sterbt durch das Licht.

Wassergeist Er kommt doch nicht hierher?

Fisch Doch, genau hierher. Ich konnte nur schneller schwimmen als er. Es dauert nicht mehr lange, bis er hier ist.

Wassergeist Das darf nicht sein, er darf nicht ins Schloß kommen mit seinem Licht. Ein Licht, Kinder, denkt euch nur, ein Licht! Ich zittere schon vor Furcht! Aber wo ist meine Leibwache, wo sind meine Haie und Schwertfische?

Fisch Alle geflohen!

Wassergeist Und die Wasserschlangen?

Fisch Fort!

Wassergeist Und die Krebse?

Fisch Sie verstecken sich in ihren Panzern. Aber sie können ihre Scheren nicht herausstrecken, um Euch zu helfen.

Wassergeist Lieber Fisch, ich schenke dir meine Perlenkrone, wenn du den Fremden bittest, sein Licht zu löschen.

Fisch Eine Perlenkrone brauche ich nicht. Dieser Auftrag ist mir zu heiß und zu gefährlich. Hier kann man nur fliehen, um sich zu retten. *(flieht)*

Wassergeist Bleib hier, elender Fisch!
Er ist geflohen, was soll ich jetzt machen? Was kann ich tun? Keiner hier im Wasser kann Licht vertragen. Wenn er hierher kommt, werde ich ein blinder Wassergeist. Wie schrecklich!

Gretel Es ist aber jemand hier, der Licht vertragen kann!

Wassergeist Wer ist er, schnell, sag es mir!

Gretel Ich selbst, du dumme Wasserschnecke. Ein menschliches Auge freut sich an dem Licht.

Wassergeist Wie konnte ich so dumm sein. Freilich, du mußt gehen und mit dem Lichtträger sprechen und ihn dazu bringen, daß er mich am Leben läßt. Schau, deine Ketten sind offen, du bist frei. Schnell, geh, schnell, sonst ist es zu spät.

Gretel Was kümmmert es mich, ob du von dem Licht stirbst? Wenn du mir nicht feierlich versprichst, daß du mich ganz freilassen wirst, rühre ich mich nicht von der Stelle.

Wassergeist Ja, ja, so geh doch. Ich fühle, wie das Wasser schon warm wird, und das vertrage ich nicht. Ich will dir alles versprechen, was du verlangst.

Gretel Dann versprich mir, daß du mich freilassen wirst, wenn ich mit dem Mann mit der Kerze gesprochen habe. Oh, ich bin sicher, es ist Kasperle.

Wassergeist Bei den Schuppen auf meinem Schwanz, bei den Zähnen in meinem Rachen, bei den Flossen auf meinem Rücken, verspreche ich, Gretel freizulassen, wenn sie das gefährliche Licht von mir abwendet.

Gretel Ich gehe, denn dieses Versprechen mußt du halten. *(ab)*

Wassergeist Wo sind meine Perlen? Die nehme ich schnell mit, und das Hütchen natürlich auch. Und jetzt nichts wie weg! *(ab)*

Kasperle Wo ist er denn geblieben?

Gretel O Kasperle, ich bin froh, daß du gekommen bist. Du bist so tapfer gewesen. Es war aber auch höchste Zeit, daß du kamst, der Wassergeist wollte mich heiraten, und dann hätte ich einen Fischschwanz bekommen. Wo ist der Wassergeist denn geblieben?

Kasperle Das frage ich mich auch. Jetzt laß uns aber auch schnell weggehen.

Gretel Wart mal, wo ist mein Hütchen? Ich kann es nirgends finden, und es ist doch so ein süßes Hütchen!

Kasperle Jetzt laß das dumme Ding, wo es ist. Wenn du noch länger wartest, kommt der Wassergeist zurück, oder meine Kerze ist heruntergebrannt. Ha, dann kannst du dich freuen.

Gretel Nein, nein, dann müßte ich hierbleiben und bekäme einen Fischschwanz. Laß uns schnell weglaufen, ehe es zu spät ist. Es ist schon zu spät, dort ist der Wassergeist!

Kasperle Stell dich vor mich hin, damit er mich nicht gleich sieht.

Wassergeist Du bist also noch hier, und Kasperle habe ich nirgends finden können. Die Fische haben sich für nichts und wieder nichts aufgeregt. Aber jetzt sollst du mich heiraten. Komm her!

Gretel Oh, Kasperle, Kasperle, er faßt mich an mit seinen glitschigen Pfoten!

Kasperle Jetzt ist Schluß, alter Kakerlak, laß Gretel los!

Wassergeist Oh, oh, das Licht. O Kasperle! Meine Augen, meine Augen, ich werde blind!

Kasperle Das ist deine gerechte Strafe!

Wassergeist Jetzt kann ich das Hütchen nicht mehr sehen, wenn ich in den Spiegel schaue. Was soll ich armer Wassergeist nun machen?

Gretel Ich habe Mitleid mit ihm. Stell dir vor, ich könnte nie wieder schöne Hütchen sehen. Das wäre ja schrecklich. Kasperle, kannst du ihn nicht wieder heilen?

Kasperle Doch, das kann ich, aber er ist so falsch. Ich traue ihm nicht über den Weg. Erst soll er uns nach Hause bringen, dann will ich ihm helfen.

Wassergeist Edler, großer Kasper, liebe Gretel, ich will euch mein ganzes Leben dienen.

Zu Hause

(rotkarierter Stoff als Hintergrund)

Kasperle So, du hast dein Versprechen gehalten und uns durch den Ausguß sicher nach Hause gebracht!

Gretel Es war eher ein enger, schmutziger Weg!

Wassergeist Das war nicht anders möglich, ihr Lieben. Ich kann ja nur in Wasserwegen schwimmen.

Kasperle Das verstehe ich. Und nun bekommst du deinen Lohn. Pft, pft, ich spucke in deine Augen.

Wassergeist Sie werden wieder klar! Ich sehe meine Flossen wieder und auch meinen Schwanz.

Gretel Und mein Hütchen darfst du behalten.

Wassergeist Jetzt weine ich zum ersten Mal in meinem Leben.

Kasperle Mach nun schnell, daß du fortkommst. Du kleckerst die ganz Küche voll mit deinen Tränen.

Wassergeist Leb wohl, Gretel, leb wohl, Kasper.

Kasperle So, den sind wir los. Warum zitterst du so, Gretel?

Gretel Ich, ich bin so naß und so kalt!

Kasperle Hier ist ein Handtuch, ich werde dich abtrocknen.

Gretel Nicht so stark! Du reibst meine Kleider kaputt. Hör nur auf, ich bin schon wieder trocken.

Kasperle Und ich bin ganz naß geschwitzt, das war eine Arbeit.

Gretel Wo ist die Kerze?

Kasperle Ich werde sie holen. Hier ist die Kerze, die Gretel und mich aus dem Wasser erlöst hat. Wir werden sie immer hier in der Küche anzünden.

Gretel Ja, und dann nicht vergessen, daß das Licht das stärkste ist auf der Welt!

Spiel zur Michaelizeit

Küche

(kariertes Tuch als Hintergrund)

Kasperle Wo mag Gretel die Rosinen versteckt haben? Heute will sie Pfannkuchen backen mit Rosinen! Aha, da sind sie. Mmm, schmecken die gut! Noch eine Handvoll! Mein Mund ist so groß, da schmecke ich zwei oder drei lumpige Rosinen gar nicht.
Still, da kommt Gretel! Nicht verraten, daß ich genascht habe!

Gretel So, da bin ich wieder. Ich habe im Dorf eingekauft. Jetzt schnell Pfannkuchenteig rühren. Hallo, Kasperle, bist du auch da? Was hast du in der Küche gemacht? Warum arbeitest du nicht im Garten? Dort gibt es noch so viel zu tun, ehe der Winter kommt.

Kasperle Oh, ich habe halt mal reingeschaut.

Gretel Reingeschaut? Wo reingeschaut? Ach so, ich sehe schon: in den Schrank hast du geschaut. Was hast du dort gesucht? Natürlich, überall liegen Rosinen herum. Du hast Rosinen genascht, du böser Kasperle! Immer mußt du naschen. *(nimmt die Bratpfanne)* Jetzt muß ich wieder ins Dorf gehen und Rosinen kaufen.

Kasperle Ja und, ist denn das so schlimm?

Gretel Ja, das ist schlimm, und du bist schrecklich naschhaft. Da, das hast du verdient, klatsch, klatsch. *(schlägt Kasperle mit der Pfanne auf den Kopf)*

Kasperle Aua, aua, hör auf, du schlägst mich tot!

Gretel Noch einen Schlag kriegst du. Ach, was ist das? Kasperle, warum fällst du um? Kasperle, du bist doch nicht tot? *(Sie schüttelt ihn.)* Ach, er ist tot, mein lieber Kasperle ist tot, und ich habe ihn mit der Pfanne erschlagen. Was soll ich nun anfangen? *(weint)* Ich will ihn hier begraben, hier in der Küche, wo er immer Pfannkuchen gegessen hat. Hier werde ich ein Grab graben und ihn hineinlegen. *(Sie gräbt ein Loch und legt den Kasper hinein.)* Jetzt bin ich so alleine, ich arme Gretel!

Unter der Erde

(brauner Hintergrund)

Erster Zwerg Wir hacken und hauen und schürfen für den König, rote Rubine, blaue Saphire und Diamanten wie Tautropfen.

Zweiter Zwerg Und Gold und Silber! Der König hat seine Krone verloren, aber wir müssen für ihn arbeiten, Tag und Nacht.

Kasperle Die jammern was zusammen! Tag und Nacht arbeiten! Daß ich nicht lache! Hier ist ja immer Nacht, unten in der Erde. Pfui, was habe ich für einen unangenehmen Geschmack im Mund. *(spuckt)* Das kommt, weil Gretel mich in die Erde gelegt hat. *(niest)* Hatschie! Meine Nase ist auch voller Staub.

Erster Zwerg Wer niest da?

Kasperle Ich, Kasperle.

Zweiter Zwerg Ein Mensch hier? Bist du tot?

Kasperle O nein! Ich habe mich nur mit Gretel gestritten, und dann hat sie mich mit der Pfanne auf den Kopf gehauen, da, du kannst die Beule noch fühlen. Und dann hat sie mich begraben! Aber ich bin noch quicklebendig!

Erster Zwerg Störe uns nicht mit deinen Geschichten. Wir müssen arbeiten für den Edelsteinkönig. Geh nur schnell weg!

Kasperle Ihr seid mir vielleicht freundliche Leute. Wohin soll ich denn gehen, hierhin, dorthin?

Erster Zwerg Geh nur, wohin du willst, es ist immer die falsche Richtung, hi, hi! *(ab)*

Kasperle Ungehobeltes Volk! Also ich will mal meiner Nase nachgehen, die ist lang genug, mir den Weg zu zeigen.

(Szenenwechsel: dunkelblauer Hintergrund)

Kasperle Jetzt gehe ich schon so lange, und hier ist es schrecklich langweilig. Nirgendwo sehe ich etwas Lustiges zum Spielen, keine Kameraden, nichts! Was ist denn das? Ein großer Schneehaufen? Das ist prima, da kann ich Schlitten fahren! Aber ich habe keinen Schlitten. Na ja, dann setze ich mich eben so auf den Hintern! Seht ihr? Gut geht das, noch einmal!

Riese *(richtet sich auf)* Wer kitzelt da an meinem Rücken? Ungeziefer? Nein, was sehe ich denn da: ein Mensch!

Kasperle Du liebe Zeit, das war gar kein Schneehaufen, das ist ein Riese, was soll das werden?

Riese Was machst du hier?

Kasperle Eigentlich nichts, ich wollte nur gerne spielen und Schlitten fahren, aber damit ist nun auch wieder nichts.

Riese Du mußt doch etwas wollen: Wo gehst du hin?

Kasperle Wenn ich das nur wüßte, es ist hier so dunkel in der Erde!

Riese Du bist hier auf dem Wege zum Edelsteinkönig. Ich bin der Wächter des Königs. Ich laß dich nicht vorbei. Du mußt mir erst den Rücken kratzen.

Kasperle Eine nette Arbeit! Aber in welcher Richtung wohnt denn der König?

Riese In dieser Richtung. Aber ich laß dich nicht vorbei.

Kasperle Reg dich nicht auf, ich werde deinen Rücken schon kratzen. Aber dazu mußt du dich erst wieder zusammenrollen und ganz klein machen, sonst kann ich deinen Rücken gar nicht erreichen. *(Riese rollt sich zusammen)* So, jetzt rutsche ich noch einmal hinunter, und dann lauf ich schnell weg; ehe er sich auseinandergerollt hat und aufgestanden ist, bin ich schon weit weg! *(tut es)*

Riese Wo ist der denn geblieben? Das war nur ein ganz kurzes Kratzen, das gilt nicht! – Hier ist er nicht, dort auch nicht! – Er ist mir sicher entwischt! Also, dann lege ich mich wieder schlafen. *(rollt sich zusammen)*

Vor einer Höhle

(schwarzer Hintergrund)

Edelsteinkönig O Himmel, ich sehe einen Menschen! Wie ist das hier möglich? Wer bist du, Fremder?

Kasperle Ich heiße Kasperle, Großväterchen.

Edelsteinkönig Kasperle, ich bin dein Großväterchen nicht, ich bin der König der Edelsteine.

Kasperle So, und das soll ich einfach glauben? Wo ist denn Eure Krone? Einen König ohne Krone gibt es doch nicht?

Edelsteinkönig Du bist sehr frech, Kasperle, aber ich will es dir verzeihen, denn meine Krone wurde gestohlen von dem schwarzen Drachen, und deshalb habe ich großen Kummer, aber keine Krone.

Kasperle Edelsteinkönig, warum holt Ihr Eure Krone denn nicht zurück?

Edelsteinkönig Lieber Junge, das kann nur jemand anderes für mich tun, ich bin zu alt dazu.

Kasperle Es ist schon traurig, die weißen Haare so ohne Krone.

Edelsteinkönig Kasperle, willst du meine Krone zurückholen?

Kasperle O nein, vielen Dank! Dann frißt der schwarze Drache womöglich meine rote Mütze, und dann habe ich auch nichts mehr auf dem Kopf.

Edelsteinkönig Ach, bitte, Kasperle, versuch es doch! Du mußt dem Drachen ein Rätsel aufgeben, eines, das er nicht lösen kann. Dann muß er dir die Krone wiedergeben.

Kasperle	Das ist schon recht, aber wenn er es doch lösen kann, was geschieht dann?
Edelsteinkönig	Dann frißt er dich auf.
Kasperle	Da seht Ihr, was für eine Aufgabe das ist. Nein, nein, ich denke gar nicht daran! – Was höre ich denn da brüllen?
Edelsteinkönig	Da kommt der Drache! Kasperle, viel Glück, ich hoffe, daß du ein gutes Rätsel weißt! *(ab)*
Kasperle	Da sitze ich in der Tinte! So eine Gemeinheit! O je, da kommt der Drache schon!
Schwarzer Drache	Schau, schau, ein Mensch! Ich werde dich fressen!
Kasperle	Kannst du nicht erst ordentlich «Guten Tag» zu einem Fremden sagen, der dir ein Rätsel aufgeben will?
Schwarzer Drache	Ein Rätsel? Das ist fein. Ich liebe Rätsel! Sag es schnell!
Kasperle	Jetzt muß ich mir auf der Stelle was ausdenken! Nein, sag erst einmal guten Tag.
Schwarzer Drache	Guten Tag, du Würmchen, her mit deinem Rätsel! Wenn ich es raten kann, dann freß ich dich.
Kasperle	Wenn du es aber nicht weißt, dann bekomme ich die Edelsteinkrone!
Schwarzer Drache	Abgemacht! Jetzt schnell das Rätsel, bitte.
Kasperle	Rate mal, was ist denn das: Es ist wie ein Riese so stark und wie meine Mütze so rot; es liegt in einem dunklen Sarg und ist doch nicht tot.
Schwarzer Drache	Mmmm, was mag das sein? So stark wie ein Riese? Das bin ich, natürlich! Meine Zunge ist so rot wie eine rote Mütze, und manchmal

liege ich in einer Höhle unter einem Stein. Ob es das ist? Und tot bin ich ganz und gar nicht! Ha, ha, das bin ich wohl selbst?

Kasperle Falsch geraten! Was ich meine, ist kein schwarzer Drache. Es ist rot, rot und sehr stark, und es liegt in einem dunklen Sarg.

Schwarzer Drache Nein, nein, ich weiß es nicht, ich gebe auf. Schade, das ist einem schwarzen Drachen noch nie passiert. Sag mal, was ist es?

Kasperle Es ist das Herz des Menschen! Und nun bekomme ich von dir die Edelsteinkrone!

Schwarzer Drache Das Herz des Menschen! – Ja, ich werde schnell die Krone holen. *(ab)*

Kasperle Das war die Rettung im letzten Augenblick. Es fiel mir ein, weil mein Herz so gewaltig klopfte. Eigentlich ist es ein schönes Rätsel, findet ihr nicht auch?

Schwarzer Drache Hier ist die Krone, aber mach, daß du wegkommst mit deinem roten Herzen, und laß mich hier allein. Ich mag diese starken, roten Herzen nicht. *(ab)*

Edelsteinkönig Du hast die Krone also bekommen? Ich habe alles mit angehört. Du bist sehr schlau, Kasperle!

Kasperle Also, Großväterchen König, jetzt setzt die Krone wieder auf Euer Haupt! Ja, die steht Euch gut! Jetzt hoffe ich, daß Ihr sie nie wieder verliert. Nächstes Mal weiß ich kein Rätsel mehr.

Edelsteinkönig Kasperle, ich danke dir von ganzem Herzen. Was wünschst du dir denn als Belohnung? Wünschst du dir mein halbes Königreich?

Kasperle Danke, nein, Herr König. Nein, wenn es Euch recht ist, möchte ich schnell wieder nach Hause, zu Gretel. Wißt Ihr, ich habe solchen Hunger auf Pfannkuchen. Gibt es hier auch Pfannkuchen?

Edelsteinkönig Nein, Kasperle, die gibt es hier nicht.

Kasperle Seht Ihr! Und ich habe solchen Hunger! Wie wird sich Gretel freuen, wenn ich zurück bin. Bitte, Herr König, gebt mir einen Stoß, dann fliege ich regelrecht hinauf zur Erdoberfläche, in Gretels Haus, zu der wunderbaren Sonne und zu den guten Pfannkuchen!

Edelsteinkönig Ich will dich gerne hinaufstoßen. Da fliegst du, Kasperle, und nun lebe in Zukunft friedlich mit deiner Gretel!

Küche

Gretel *(weint)* Ach, mein armer Kasperle, hier ist er begraben, und ich bin so einsam. Hätte ich ihn nur nicht mit der Pfanne gehauen. Er war eigentlich doch ganz lieb. Ich würde eine Menge Pfannkuchen für ihn backen, wenn er wiederkäme!

Kasperle Peng! *(erscheint aus der Versenkung)*

Gretel Hilfe, Hilfe, ein Geist!

Kasperle Gar kein Geist, das ist Kasperle, Gretel!

Gretel Bist du es wirklich? Ganz echt? Das muß ich erst fühlen! Jawohl, das ist die Mütze, und das ist deine Nase: du bist es wirklich! Hurra, hurra, Kasperle lebt wieder!

Kasperle Und wie! Ich habe viel erlebt in der Erde, wo du mich hineingelegt hast, das werde ich dir später alles erzählen! Aber zuerst möchte ich Pfannkuchen essen!

Gretel O ja, Pfannkuchen, einen ganzen Stapel Pfannkuchen werde ich für dich backen, und die essen wir zusammen auf!

Weihnachtsspiel

Vor dem Schloß

(hellgrüner Hintergrund)

Kasperle *(singt)* Schwesterlein, komm tanz mit mir . . . Oh, seid ihr alle schon da? Das wußte ich gar nicht. Guten Tag, alle miteinander! *(setzt sich)* Habt ihr alle etwas Schönes für den König mitgebracht? Nicht? Nun, dann dürft ihr auch nicht hinein in das Schloß. Wir können hier zusammen warten, bis die Leute aus dem Dorf kommen mit ihren Geschenken. Der König hat nämlich gebeten, daß jeder das Schönste, was er hat, ihm als Geschenk für sein neues Schloß bringt. Er kann ja so etwas fragen, denn er ist ein König. Denkt euch, wenn ich das tun würde! Ich, Kasperle, bin nur ein armer Pförtner am Schloß. Und einen Wachhund habe ich auch. Er heißt Fiffi. Soll ich ihn herpfeifen? Nein, wartet mal, da kommt schon der erste Besucher mit seinem Geschenk. Fiffi werde ich nachher rufen.

Wirt Guten Tag, Kasperle! O Mensch, o Mensch, ist das heute eine Hitze!

Kasperle Was du nicht sagst! Hast du etwas mitgebracht?

Wirt Dies ist das Schönste, was es gibt. Ein Krug Rotwein, riech einmal, wie fein der duftet!

Kasperle Da würde ich gerne einen Schluck trinken! Es macht durstig, hier immer Wache zu stehen.

Wirt Hast du Töne! Der Wein ist für den König und sonst für niemanden. Laß mich jetzt schnell hineingehen, sonst trinke ich den Wein noch selbst. *(ab)*

Kasperle Schade, mein Mund ist so trocken! Hoppla, was kommt denn da für ein Zirkuspferd!

Dame Diener, zeig mir den Weg zum König.

Kasperle Ich heiße Kasperle, gnädige Frau. Was haben Sie denn in der Tasche?

Dame Das geht dich nichts an! Zeig mir lieber den Weg!

Kasperle Halt! Eile mit Weile. Zuerst muß ich wissen, was in der Tasche ist. Es könnten ja eklige Spinnen darin sein.

Dame So was habe ich noch nie erlebt. Diese Zipfelmütze ist viel zu frech! Also, dann guck hinein. Bist du jetzt zufrieden?

Kasperle Nun können sie weitergehen, gnädige Frau. Erst rechts, dann links, dann geradeaus. *(Dame ab)*
Ich fürchte, daß der König das Geschenk nicht sehr schön finden wird. Es war eine wollene Schlafmütze, selbst gestrickt. Aha, da kommt die nächste.

Mädchen Guten Tag, Kasperle, laß mich schnell vorbei!

Kasperle Erst Zoll zahlen.

Mädchen Seit wann muß man hier Zoll zahlen?

Kasperle Seit heute.

Mädchen Wieviel kostet es?

Kasperle Ein kleines Küßchen.

Mädchen Da hast du ein kleines Küßchen. *(zieht Kasperle an der Nase)*

Kasperle Aua, aua, solche Küßchen mag ich gar nicht. Geh nun schnell zum König. Was hast du für ihn mitgebracht?

Mädchen Diesen Blumenstrauß!

Kasperle Der ist aber schön! Geh nur schnell, sonst welken sie noch. *(Mädchen ab)*
Die Blumen findet der König sicher sehr schön. Ach du liebe Zeit, da kommt Gretel. Sie hat mir noch gar nicht erzählt, was sie für den König mitbringt. Hoffentlich ist es kein Teppichklopfer!

Gretel So, du Faulpelz, hängst du hier wieder in der Gegend herum! Komm lieber heim, wenn du nichts zu tun hast: da gibt es genug Arbeit. Der Ofen muß geputzt werden, der Hasenstall fällt zusammen, der Garten muß gemacht werden . . .

Kasperle Hör auf, hör auf. Weißt du nichts Netteres? Mir wird schwindelig!

Gretel Ach, du verträgst auch gar nichts. Laß mich vorbei.

Kasperle Erst zeigen, was du dem König bringst. Das ist Befehl.

Gretel Schrei mich nicht so an. Schau, das ist für den König. Unser schönstes Kissen, «Ruhe sanft», das habe ich selber daraufgestickt. Das war vielleicht eine Arbeit! Aber es ist schön geworden. Findest du nicht? Bis nachher, ich will es ihm jetzt gleich bringen. *(ab)*

Kasperle Hoffentlich findet der König es schön, sonst ist schlecht Kirschen essen mit Gretel! Ha, da kommt Fiffi. *(Fiffi: wau).* Komm her, wo warst du? Hast du wieder Katzen gejagt? Platz! Braver Hund! Ist er nicht ein schöner und lieber Hund? Sein Vater war ein Bernhardiner und seine Mutter ein Dackel. *(Fiffi bellt)* Hier geblieben! *(Hund läuft weg)* Der tut einfach, was er selber will! Na ja, er kommt schon wieder.

Arbeiter Guten Tag!

Kasperle Wo kommst du denn her? Du bist nicht aus unserem Dorf. Willst du etwa zum König?

Arbeiter Zum König? Was soll ich denn beim König?

Kasperle Ich denke, du wolltest ihm diese schöne Rose bringen. Der König sucht nämlich die schönsten Sachen für sein Schloß, und ich glaube, die Rose würde ihm gefallen.

Arbeiter Die Rose gefällt mir! Ich gebe sie niemandem. Die Rose ist das Schönste, was ich in meinem Leben gesehen habe, und dort, wo die Rose herkommt, ist es noch viel schöner.

Kasperle Mmm . . ., die Rose duftet wunderbar. Wo hast du sie her? Du tust so geheimnisvoll. Hast du sie etwa gestohlen?

Arbeiter Das ist eine Frechheit! Das akzeptiere ich nicht. Du hast mich beleidigt! Ich gehe zum König und werde mich beschweren. *(ab)*

Kasperle Menschenskind, der ist aber schnell beleidigt. Es gibt Menschen, die vertragen auch gar nichts. Du unterhältst dich freundlich mit ihnen und, na ja, du achtest einen Moment nicht auf deine Worte, gleich geht einer in die Luft, wie wenn du ihn mit der Nadel gestochen hättest. Schau, da kommt er schon wieder, ohne König.

Arbeiter Das ist hier ein Land von Dieben und Räubern. Gerechtigkeit gibt es nicht. Schlimm ist das!

Kasperle Warum regst du dich so auf? Räuber und Diebe? Meinst du vielleicht mich oder den König?

Arbeiter Den König! Er hat mir die Rose weggenommen, weil ich sie ihm nicht schenken wollte.

Kasperle Mach doch nicht so viel Lärm um eine Rose. Es blühen im Dorf noch genug Rosen.

Arbeiter Diese Rose kannst du nur einmal alle dreihundert Jahre blühen sehen. Zuerst mußt du viele Tage gehen, dann kommst du an einen schmalen Felsweg, der steil in die Höhe führt. Hoch oben in den Wolken kommst du an das Himmelstor. Alle dreihundert Jahre öffnet sich das Himmelstor. Wenn du Glück hast und gerade oben bist . . . Ich durfte das erleben.

Kasperle Du mußt mir noch mehr darüber erzählen. Du gehst doch jetzt nicht weg, wenn es gerade spannend wird?

Arbeiter Ich habe dem König schon die ganze Geschichte erzählt. Wenn du wissen willst, wie es weiter geht, mußt du ihn fragen. Aber ich sage dir: Viel Freude wird der König an der Rose nicht haben, denn die Rose blüht nur für denjenigen, der sie geholt hat. Also, ich gehe, tschüss! *(ab)*

Kasperle Der hat vielleicht komische Manieren! Zuerst macht er mich neugierig, und dann, wenn es gerade spannend wird, verschwindet er. Ich möchte gerne wissen, wie es weitergeht.

König Kasperle, wohin ist der Fremde gegangen?

Kasperle Das weiß ich nicht, Herr König. Er verschwand wie ein Gewitter.

König Die Rose, die Rose, sie ist verwelkt. Die Blüte der Rose hängt ganz welk über dem Rand der Vase. Und sie duftet auch nicht mehr! Ich habe das Gefühl, als ob alles um mich herum nun auch verwelkt und traurig ist. Diese Rose war das Schönste, was es auf der Welt gibt.

Kasperle Da haben wir den Salat: die Rose ist verwelkt, und der König ist übergeschnappt!

König Nein, das war keine irdische Rose. Der Fremde hat sie aus dem Paradies bekommen. Deshalb duftete die Rose auch so wunderbar. Ich will und muß eine neue Rose haben. Komm, Kasperle, komm mit; wir wandern zu dem Berg, auf dem hoch oben das Tor zum Paradies ist, und dort holen wir eine neue Rose.

Kasperle Je nun, das ist nicht gerade ein Sonntagsspaziergang, Majestät. Und denkt Euch einmal, wie es ist, wenn das Tor geschlossen ist, und die Rosen nicht blühen und . . .

König Sei still, Kasperle, wir gehen jetzt gleich!

Kasperle Wenn Ihr das sagt, dann wird es wohl sein müssen, Majestät. Aber Fiffi kommt mit: ohne ihn gehe ich nicht in das Paradies *(Kasperle pfeift):* Fiffi! Komm, laß die Katzen in Ruhe, wir gehen mit dem König zusammen zum Himmelstor.

Nacht

(am Berg, dunkelblauer Hintergrund)

(König und Kasperle kommen)

König Hier sind wir. Aber wir müssen auf den Sonnenaufgang warten, ehe wir den steilen Berg hinaufklettern können. Seht ihr den steilen Weg im Mondlicht glänzen? Oh, wie ich mich nach der Sonne sehne!

Kasperle Mit Verlaub, Herr König, ich sehne mich nach Schlaf. Und ich habe Blasen an den Füßen. Der König hat gut reden! Er trägt bequeme, warme Hausschuhe, aber ich muß den gleichen Weg oft zweimal gehen, um Fiffi zu suchen. Leg dich hin, Fiffi! Das ist so recht eine Nacht für maunzende Katzen. *(Katzen miauen)* Da hast du es schon. Fiffi, bleib hier, alter Schelm. Komm her! Her, sag ich! Jetzt ist er schon wieder weg, und ich muß ihn suchen gehen. Au, au, meine armen Füße, die haben das Paradies eigentlich verdient. *(ab)*

König Kasperle ist ein braver Junge, aber der Hund ist lästig. Ich hoffe, daß er bald mit dem Tier wiederkommt. Es gibt ein Gewitter!
(Donner und Blitz, der Teufel erscheint).

Teufel Ich bin der Teufel. König, was tust du hier?

König Störe mich nicht, Teufel. Ich suche die Himmelsrose. Laß mich in Ruhe.

Teufel Ich komme mit! Wenn du suchst, suche ich auch, so lange, bis nichts mehr zu finden ist.

König Geh weg!

Teufel Weggehen? O nein! Ich bin doch dein Freund! Ich will dich warnen, König: Geh nicht weiter. Weißt du, wo dieser Weg hinführt?

König Jawohl. Zu dem Himmelstor.

Teufel Aber dort bist du kein König mehr! Du und Kasperle, Ihr seid dort dann nur noch zwei winzige Menschlein, und wer weiß, vielleicht darf Kasperle sogar vor dir durch das Himmelstor gehen, denn er hat dem Mann die Rose nicht gestohlen.

König Das ist unmöglich! Ich bin der König, und ich bleibe der König.

Teufel Ja freilich, für mich bleibt Ihr der König und ich diene Euch, wie man einem mächtigen König dienen soll. Aber dort oben seid ihr ein Nichts, nur ein Mensch.

König Das klingt alles recht sonderbar.

Teufel Was würdest du dazu sagen, König, wenn du zur Erde zurückkehrst, und es sitzt ein anderer auf deinem Thron?

König Entsetzlich!

Teufel Kehrt zurück in Euer Schloß und ich werde Euren Thron mit Edelsteinen schmücken und den Boden mit Silber bedecken.

König Und die Rose?

Kasperle *(kommt)* Was sehe ich? Der Teufel spricht mit dem König? Das bedeutet nichts Gutes!

Teufel Die Rose, König, die Rose müßt Ihr vergessen. Ich werde Euch eine aus Gold machen.

Kasperle Hör auf mit dem Unsinn und verschwinde, sonst nehme ich meinen Stock . . .

Teufel König, wähle ...

Kasperle Nichts wählen, hauen! Rechts und links, klatsch, klatsch ...

Teufel Aua, aua!

Kasperle Ja, ja, schrei du nur und mache deine goldenen Rosen für jemand anderen.

Teufel Au; au, König, könnt Ihr es erlauben, daß Euer Diener so mißhandelt wird?

König Komm Kasperle, nimm dich zusammen!

Kasperle Nicht eher, als bis der Kerl hier weg ist. Ein Diener? Ein Lügner ist er! Klatsch, klatsch ...

Teufel Aua, aua! *(ab)*

Kasperle Klatsch! O weh, dieser letzte Schlag war sehr kräftig, aber nicht auf die richtige Stelle, denn er traf den König auf den Kopf. Warum läßt er sich aber auch mit dem Teufel ein? Jetzt ist er ohnmächtig geworden. Eine schöne Geschichte! Fiffi ist hinter den Katzen her, der König ist ohnmächtig geworden, und die Sonne geht auf. Wir müssen gehen, aber wie schaffen wir das denn? Warte, ich nehme den König einfach auf den Rücken. Fiffi muß den Weg halt ohne mich finden. Er wird meine Spur schon riechen. So Kasperle, auf geht's, mit Sack und Pack! *(ab)*

Vor dem Tor

(hellblauer Hintergrund)

Kasperle Mensch, Mensch, ist der König schwer. Sechsmal habe ich ihn unterwegs absetzen müssen, um auszuruhen. Der Weg wurde immer steiler und unwegsamer und war voller spitzer, scharfer Steine. Eigentlich komisch, daß sie einen solchen Weg nicht bequemer machen. Zum zweiten Mal gehe ich ihn bestimmt nicht. Ich hoffe nur, daß wir zur richtigen Zeit gekommen sind. Der König ist noch immer nicht aufgewacht, ich muß ihn wohl sehr hart getroffen haben! Aber der Schlag war ja auch auf den Teufel gemünzt. Ich werde es mir hier in der Ecke bequem machen und abwarten, was geschieht.
(Das Tor öffnet sich, Petrus erscheint.)

Petrus So, so, so, wer hat denn diesmal den Weg hierher gefunden?

Kasperle Mein Name ist Kasperle. Ich bin den Weg hinaufgeklettert und habe einen Reisegesellen mitgebracht. Im Augenblick liegt er dort in der Ecke, denn er ist ohnmächtig geworden.

Petrus Was seid ihr für seltsame Leute? Der eine redet für zehn, und der andere liegt betäubt in der Ecke.

Kasperle Der andere, das ist mein König, und ich spreche für ihn, also spreche ich für zwei und nicht für zehn.

Petrus Ja, ja, ich habe verstanden. Du möchtest also in das Paradies. Nun, dann bist du ein Glückspilz: Du bist genau im richtigen Augenblick gekommen, das Tor ist offen.

Kasperle Wie schön, dann habe ich mir nicht umsonst Blasen an die Füße gelaufen.

Petrus Komm nur mit!

Kasperle Ja, aber der König muß auch mit, denn es war sein Wunsch.

Petrus König oder nicht König, wir fragen hier nur nach Menschen. Laß ihn dort sitzen, er schläft ja.

Kasperle Nein, ohne meinen Gesellen gehe ich nicht hinein. Wenn er schläft, dann kann er wenigstens vom Paradies träumen, während ich es sehen kann.

Petrus Beeile dich. Ich kann nicht ewig hier vor dem Tor stehen bleiben, ich habe noch mehr zu tun.

Kasperle Also, dann komm wieder auf meinen Rücken, König. Ich habe dich schon so lange getragen, dann kann ich es auch noch etwas länger tun.
(zu Petrus) Aber hör mal, wir waren eigentlich zu dritt.

Petrus Das geht mich nichts an.

Kasperle Aber Fiffi, mein Hund, gehört doch auch dazu. *(pfeift)*

Petrus Hunde werden nicht in den Himmel eingelassen!

Kasperle Da kommt er! Was sagst du? Dürfen Hunde nicht in den Himmel?

Petrus Nein!

Kasperle Dann will ich auch nicht in den Himmel. Ohne Hund und ohne König gehe ich nicht.

Petrus So etwas habe ich noch nie erlebt. Du hast das größte Glück, das einem Menschenkind widerfahren kann. Du darfst das Paradies sehen, obwohl du noch nicht gestorben bist. Und dann willst du nicht!

Kasperle Ich will schon, aber nur zu dritt: entweder alle oder keiner.

Petrus Ich sehe schon, du bist ein Dickkopf. Diesmal will ich es denn erlauben, aber sieh zu, daß dein Hund im Himmel keinen Lärm macht.

Kasperle Hörst du, Fiffi? Lieb sein und keine Engel jagen. *(alle ab, Teufel kommt)*

Teufel Sind sie weg? Alle in den Himmel? Pfui, wie das hier nach Rosen stinkt! Meine Nase riecht lieber Schwefeldämpfe, Höllengestank. Hatschie! Ich bekomme einen Schnupfen von dem Rosenduft. Dieser böse Kasperle hat mich grün und blau geschlagen! Wenn ich ihm das nur heimzahlen könnte. Aber wie? Er ist im Himmel mit dem König, den er auf dem Rücken trägt! Warte, ich weiß schon was. Fiffi, das ist so ein alter Sünder, den kann ich erwischen. Paß mal auf: Aus meinem Schwanz suche ich einen Floh, so einen kleinen, pechschwarzen Hüpfer. Kleiner Floh, hüpfe über die hohe Paradiesmauer und beiß' Fiffi in den Schwanz. Hoppla, da hüpft er schon über die Mauer! Hi, hi, hi, die heilige Stille im Paradies wird nicht mehr lange andauern! Dafür wird mein Floh schon sorgen. Ho, ho, ho! *(Ab, Petrus und Kasperle mit dem König kommen.)*

Petrus So, jetzt hast du eine Kostprobe von dem Paradies gehabt. Es war aber nur der Vorhof. Es gibt noch viel mehr Gärten, aber die wirst du erst sehen, wenn du gestorben bist und hier anklopfst.

Kasperle Ich danke Ihnen sehr, daß Sie uns das alles gezeigt haben. Es war wirklich wunderschön da drinnen, aber auf der Erde ist es auch schön! Wenn ich es sagen darf: Ich bin lieber am Leben und verzichte auf ein paar Gärten.

Petrus Du bist das große Glück nicht wert. Es geht dir wie so vielen, denen etwas zuteil wird, was sie eigentlich nicht verdient haben. Hier, diese Rose ist für dich, weil du hier drinnen gewesen bist.

Kasperle Und der König?

Petrus Der König muß deine Rose mitgenießen. Er hat sein Glück versäumt.

Kasperle Das war aber doch gar nicht seine Schuld. Das kam durch meinen Schlag, der für den Teufel gemeint war. Aber auf jeden Fall hat der König alles geträumt. *(Man hört es bellen.)* Oh, da kommt Fiffi.

Petrus Dein Hund stört die himmlischen Sphären.

Kasperle Komm her, du Höllenhund! Wie kannst du bellen im Paradies! Platz! *(zu Petrus:)* Ich danke Ihnen sehr für die schöne Rose.

Petrus Schon recht. Aber geh jetzt schnell weg. Nie wieder lasse ich einen Hund in das Paradies.

Kasperle Lebt wohl, Herr Petrus! Ich hoffe, daß Sie Ihre Meinung noch einmal ändern werden, sonst sehen Sie mich und Fiffi nie wieder im Paradies. *(Petrus ab)* Du, Fiffi, zeig mal her, was hast du denn da in der Schnauze? Eine Engelfeder? Dann hast du also doch Engel gejagt. Du mußt schon von einem Teufelsfloh gebissen worden sein! Du kannst auf alle Fälle von Glück reden, daß Petrus die Feder nicht gesehen hat. Wir gehen nach Hause. Der König wird auf seinem Thron schon wieder aufwachen. Wie wird er sich freuen über die Himmelsrose!

Schloß

(Hintergrund in goldenem Ton)

König Ich habe so herrlich geschlafen und wunderschön geträumt! Wo ist Kasperle? He, Kasperle, wo bist du?

Kasperle Hier bin ich, Herr König!

König Sag mal, wir sollten uns doch zusammen auf den Weg machen ins Paradies und die Rose holen? Ich habe aber so tief geschlafen und von dem Paradies geträumt.

Kasperle Das glaube ich Euch. Es war kein Traum. Ihr seid dort gewesen, ich habe Euch selbst hingetragen.

König Was redest du da für Unsinn? Du mich tragen? Wie ist das möglich?

Kasperle Dann fühlt Euch doch mal an den Kopf! Fühlt Ihr etwas?

König O ja, was ist das für eine schmerzhafte Stelle?

Kasperle Also, mit Verlaub, da habt Ihr einen Schlag drauf bekommen.

König Ich? Einen Schlag? Wer hat dem König einen Schlag gegeben?

Kasperle Jetzt paßt auf, Kinder, gleich wird er böse! Wie soll ich ihm das erzählen, daß er nicht böse wird?

König Erzähl, Kasperle, wie komm ich zu der schmerzenden Stelle auf dem Kopf?

Kasperle Also, das war so . . . Ich habe mit dem Teufel gekämpft, links und rechts und patsch und klatsch, und aus Versehen ist dann Euer Haupt dazwischengekommen und dann . . . Deshalb habt Ihr jetzt die Stelle am Kopf.

König Ich bin ganz verwirrt, ein Teufel, ein Schlag, ein himmlischer Traum? Aber da war doch noch etwas?

Kasperle O ja, *(zu den Kindern)* wie gut, daß ich die Rose für ihn habe! *(wieder zum König gewandt)* Hier ist auch die Rose aus dem Paradies. Seht Ihr, die ist für Euch.

König Oh, oh, wie wunderbar. Wenn ich sie rieche, dann weiß ich alles wieder. Sankt Petrus hat sie uns gegeben. Und dann war doch noch jemand dabei?

Kasperle Ja, Fiffi war auch bei uns. Komm mal her, Fiffi!

Fiffi Wau, wau!

Kasperle Lieb sein, Fiffi, und schön sitzen! Wir waren zu dritt im Paradies, der König, Fiffi und ich. Und wenn Sankt Petrus uns einmal wiedersieht, dann wird er bestimmt ganz griesgrämig sein, aber wir kommen doch hinein in das Paradies.